JUNTOS Y DISFRUTÁNDOLO

Lynn Lott

Dru West

EC

Manual oficial para la formación certificada
ENCOURAGEMENT CONSULTANT por Lynn Lott

Publicado originalmente 1990 by The Practical Press, Petaluma, California

ISBN: 978-1-7349095-4-8 (paperback)

ISBN 978-1-7349095-5-5 (ebook)

Lynn Lott Encouragement Consulting

www.lynnlottec.com

Table of Contents

Dedicado a
Hal y a Joe

Introducción

"Descansamos en quienes amamos, y disponemos en nosotros
un lugar de descanso para los que nos aman".
—SAN BERNARDO DE CLARAVAL

El matrimonio es un principio, no un fin. Puede ser la oportunidad para que hombres y mujeres hablen entre ellos sin los roles y las imágenes que les impiden conocerse como personas.

Si realmente escuchamos lo que hombres y mujeres desean de su relación matrimonial, encontramos que ambos desean lo mismo: ser amados y aceptados.

El matrimonio es un proceso, no una solución. Es una oportunidad para involucrarse total y genuinamente con otra persona. En un matrimonio sano, ninguno puede ser espectador.

Ambos participantes deben ser participantes.

Ninguno puede sentarse a un costado mientras el otro trabaja en estar casado.

Muchas personas ven el matrimonio como una relación en la que dos individuos incompletos se convierten en una persona completa. Este tipo de pensamiento ha conducido a que muchas parejas construyan relaciones que frenan el crecimiento individual y de pareja, algo que puede provocar disfunciones personales y matrimoniales, dolor y desarmonía.

En este libro, el matrimonio es visto como la decisión de dos personas, cada una es un individuo completo, a agregar fuerza positiva a un estilo de vida en común. El propósito de esta relación es el de nutrir y valorar al otro -tal como cada uno se valora a sí mismo- y ofrecer un puerto seguro que honre el crecimiento y el cambio.

La base de un matrimonio sano es el respeto mutuo y el amor. Las actividades que les presentamos aquí pueden ayudar a construir estas dos cualidades y a detectar las áreas en las que podrían estar faltando. Cuando trabajen juntos, estarás recibiendo información de tu pareja o dándole información acerca de tí. Esta información no es para discutir ni para corregir o defenderse. La idea de recibir y dar información tiene el sentido de compartir con el otro la propia individualidad.

Escúchense entre ustedes. No significa que están de acuerdo o que ven las cosas de la misma forma. No es necesario que estén de acuerdo, pero sí es necesario que se escuchen y aprendas todo lo que sea posible sobre tí mismo y sobre tu esposo o esposa.

Si te das cuenta de que no puedes escuchar sin sentirte lastimado, sin defenderte o sin argumentar, entonces este cuaderno de trabajo puede que no sea para tí. Si te sientes a la defensiva o piensas que lo importante para tí es cambiar la forma de pensar de tu pareja, entonces podrías estar necesitando terapia. Podría haber otros temas interponiéndose en tu proceso de aprendizaje en este momento.

El material en este libro se enfoca en tu relación de pareja, no en la crianza de tus hijos. Sin embargo, podrías descubrir que si logras resolver conflictos en el plano de la pareja,

muchos de los conflictos y problemas que tienes en la crianza, o con tu familia política, o en cualquier vínculo, podrían también resolverse a partir de aquí.

Si deseas aprender cuestiones relacionadas con la crianza, te recomendamos que encuentres un grupo de estudio con el que puedas aprender las habilidades que te interesa aprender como madre o como padre.

CÓMO USAR ESTE LIBRO

Este libro persigue tres objetivos:

1. Enseñar conceptos y habilidades que promuevan la cercanía de la pareja.

2. Servir de manual de trabajo.

3. Servir como manual de entrenamiento para líderes de grupos para parejas.

Las actividades en este libro podrán ayudarte a tomar consciencia de tus pensamientos y valores que rigen en tí mismo, en tu pareja y en tu matrimonio. El material está dividido en seis secciones, que pueden ser utilizadas por tí y por tu pareja en tu casa o en una clase de dos horas para parejas.

El séptimo capítulo ofrece información acerca de cómo liderar clases. Si este libro está siendo utilizado para clases de parejas, sugerimos que todos los participantes lo lean así todos comprenden cómo es el formato de trabajo en grupos.

HACIENDO CAMBIOS

Las actividades en este libro están diseñadas para ayudarte a tí y a tu pareja a trabajar juntos para mejorar su relación. Aunque una sola persona puede trabajar para generar cambios en la pareja, el propósito del material en este libro es mejorar la comunicación y la comprensión para ambos. Trabajar y dialogar juntos acelerará el proceso de cambio.

Ten presente que el hecho de estar leyendo este libro es una clara indicación de tu compromiso con el cambio. Pero por más grande que sea tu compromiso, el proceso es difícil. De forma inconsciente, podrías continuar haciendo muchas cosas para no cambiar. En vez de pelear contigo para conseguir el cambio, enfócate en lo que puedes aprender. En vez de enojarte contigo mismo, puedes decirte a tí mismo: "Así es como pienso". "Estos son mis valores". "¿No es interesante que esta sea la forma en la que veo las cosas?". O "¿no es interesante que así es como mi pareja ve las cosas?".

Si realmente quieres un cambio, date cuenta de que el cambio es un proceso. El primer paso es la toma de consciencia. Los cambios que desees hacer llevarán tiempo. Nadie cambia de la noche a la mañana. Acuérdate que no se trata de: "¿Puedo cambiar?" sino de "Quiero cambiar".

A lo largo de este libro te estaremos mostrando, una y otra vez, que la única persona a la que puedes cambiar es a tí mismo. Cuando tú cambias, estarás invitando a tu pareja a responder de forma diferente, pero la elección de ser diferente depende de él o de ella.

Antes de comenzar este libro, quizás quieras establecer un acuerdo contigo mismo de que tu propósito más importante es aprender todo lo que sea posible. Utiliza lo que te ayuda y olvídate del resto. Permítete ser un aprendiz.

SI NO ESTÁS CASADO. Este libro fue escrito para parejas que desean aprender y practicar las habilidades para el respeto mutuo y la paridad en la relación. Aunque la palabra "matrimonio" será utilizada, creemos que estas actividades pueden ayudar a cualquier persona que está en una relación. Cuando veas la palabra "matrimonio", simplemente reemplázala por "relación".

¡Buena suerte y disfruta!

Capítulo I
SINGULARIDAD:
¿Quién soy, quién eres y qué nos hace especiales como pareja?

Cada matrimonio está compuesto por dos individuos que llegan a la relación con sus propias ideas, actitudes, creencias, contexto social, esperanzas, expectativas, deseos e historias personales. Muchos de nosotros nos casamos con la creencia equivocada de que los pensamientos y las ideas de nuestra pareja eran los mismos que los nuestros, y que -si el otro realmente nos amaba, entonces las ideas y los pensamientos que no fueran iguales a los nuestros, eventualmente cambiarían, o que nosotros seríamos capaces de cambiarlos.

Todos nosotros tenemos distintos pensamientos y sentimientos, aún cuando lleguemos a la relación, de contextos similares. Tus ideas, expectativas y pensamientos son distintas de las del resto de los seres humanos. Podría encantarte el sabor del helado de frutilla; y a tu pareja no; podría gustarte el color verde; a tu pareja podría gustarle un color que tu odias.

Tu no saboreas o ves el mundo de la misma forma que ninguna otra persona.

Aunque experimenten el mundo de distinta forma, igual podrían estar de acuerdo pero por distintas razones. Tu podrías querer pintar tu casa de verde porque ese color trae a tu memoria la casa de tu abuelos, un hermoso recuerdo de tu infancia. Tu esposo podría querer pintar la casa de verde porque ningún otro vecino ha elegido ese color. Sus similitudes podrían estar basadas en diferencias.

Diferencias y similitudes hacen de su relación algo único. Ninguna otra pareja en el mundo entero podría replicar la relación que ustedes crean el uno con el otro. Cuanto más entiendas la forma en la que tu pareja saborea, huele, escucha y ve el mundo, mejor será tu relación.

En este capítulo, como en los otros, te pediremos que compartas tus pensamientos y sentimientos con tu pareja. Mientras observas y escuchas, ten en cuenta el hecho de que las cosas que pasan cerca tuyo no tienen necesariamente que ver contigo. Las cosas que tu pareja dice, piensa y siente, son declaraciones acerca de sí mismo. Observa si tiendes a tomar las cosas que tu pareja dice o hace de forma personal. Si eso te sucede, podrías entrar en modo defensivo. En vez, intenta desarrollar una actitud de curiosidad acerca de tu pareja y de tí mismo.

ACTIVIDAD INTRODUCTORIA

CÓMO TE VEO

Esta actividad te ayudará a tí y a tu pareja a descubrir cómo se ven entre ambos. Aunque está pensada para realizarse en grupo, vale la pena tomarse el tiempo para hacerla juntos en casa. Necesitarán revistas viejas, goma de pegar, papel (blanco o de color) y marcadores.

Deberás crear un membrete con nombre y recortar en forma de collage elementos que representen para tí algo de tu pareja. Pégalos en el membrete y escribe su nombre en algún lugar. Luego dáselo a tu pareja.

Cuando tu pareja tenga en sus manos tu collage, deberá escribir en el revés las primeras cinco cosas que se le vinieron a la mente cuando lo vio.

Procesa: ¿Cómo se sintió hacer el collage? ¿Cómo te sentiste cuando se lo diste a tu pareja? ¿Cómo se sintió recibirlo?

ACTIVIDADES DE APRENDIZAJE

ACTIVIDAD 1: **LA CARTA ALTA**

Tomado de "Conocerme es amarme".

RE-IMPRESO CON EL PERMISO DE LYNN LOTT Y DE MARILYN KIENTZ

Mientras las cosas ocurren a nuestra manera y no nos sentimos amenazados, todo va bien. Vamos realizando con mayor o menor esfuerzo las actividades del día a día. Pero cuando nos sentimos amenazados, todos hemos aprendido una forma de responder que pensamos nos protegerá, preservará nuestro ego y nos ayudará a salir airosos de la situación.

Hacemos esto en modo de "piloto automático", sin pensarlo. Esta respuesta automática es lo que llamamos nuestra "carta alta".

La siguiente actividad te ayudará a descubrir cuál es tu carta alta. Una vez que hayas descubierto cuál es, podrás mejorar el registro de en qué momentos la usas y qué sucede cuando lo haces.

Selecciona y marca la sección del gráfico que contiene aquello que más deseas evitar:

Estrés y dolor, Rechazo y complicaciones, Críticas y ridículo, Falta de sentido e insignificancia

Si eliges:	Tu carta alta es:	Y quizás Tú:
Estrés y dolor	Comodidad y evitación	Hagas bromas, intelectualices, hagas solamente aquello que ya haces bien, evites nuevas experiencias.
Rechazo y complicaciones	Complacencia	Actúes de forma amistosa, digas "" cuando en verdad quieras decir "no", te rindas, te preocupes más por los deseos de los otros que por los tuyos.
Críticas y ridículo	Control	Te refrenes, des indicaciones a todo el mundo, organices, discutas, te silencies y esperes a que otros te persuadan.
Falta de sentido e insignificancia	Superioridad	Subestimes a otros y a las situaciones, hables de lo absurdo de la vida.

Lo irónico de la carta alta es que la ponemos en juego para evitar algo, y eso que estamos intentando evitar, sucede de todos modos.

Procesa: Pide a tu esposo o esposa que te dé todos los ejemplos que pueda de las formas en las que juegas tu carta alta. Recuerda: tu carta alta no es quien eres, sino aquello que haces primero cuando sientes temor o estrés.

Ejemplos:

El control como carta alta: tu pareja podría decir, "Me doy cuenta de que cada vez que hablamos de algo que implica dolor, tú cambias de tema". O, "Me doy cuenta de que es difícil para tí hablar sobre lo que sientes".

La complacencia como carta alta: tu pareja podría decir, "Noto que me pides permiso para hacer cosas en vez de contarme que las harás" o "me cuidas a mí antes que a tí mismo".

La superioridad como carta alta: tu pareja podría decir "noto que a veces dices cosas que me hacen sentir inferior" o "Noto que a veces te abrumas muy fácilmente e intentas hacer muchas cosas a la misma vez".

La comodidad como carta alta: tu pareja podría decir, "Noto que no completas tus frases" o "Noto que a veces es difícil para ti probar cosas nuevas".

ACTIVIDAD 2: **CUESTIONARIO DE AUTOEVALUACIÓN**

Clarificar cómo te sientes y qué piensas en una situación específica puede ayudarte de cara al futuro.

En una hoja aparte, escribe las respuestas a las siguientes preguntas;

A. ¿Por qué estoy leyendo este libro?

B. ¿Cuáles son mis esperanzas para nosotros?

C. ¿Qué sentimientos positivos tengo hacia tí?

D. ¿Qué sentimientos positivos tengo hacia nosotros?

E. Me gusta quien soy cuando… (enumera la mayor cantidad de ítems que puedas pensar).

F. No me gusta quien soy cuando… (enumera la mayor cantidad de ítems que puedas pensar).

G. ¿Cómo me siento conmigo mismo en este momento?

H. ¿Qué siento en este momento acerca de ser más abierto / comunicativo contigo?

I. Nombra tres momentos en los que me he sentido más cercano a tí. Describe esos sentimientos.

J. ¿Qué sentimientos me resulta más difícil compartir contigo?

K. ¿Cómo me siento cuando hacemos el amor?

Procesa: Comparte las respuestas de este cuestionario con tu pareja.

ACTIVIDAD 3: **CARTA A MI MISMO**

Otra forma de descubrir tus expectativas es escribir una carta a tí mismo acerca de aquello que te gustaría obtener a partir de la lectura de este libro. Incluye un cambio que desearías ver en tí mismo y un cambio que deseas para tu vínculo de pareja.

Con tu mano no dominante-es decir con aquella que no usas habitualmente- escribe qué cosas haces que evitan que alcances lo que deseas.

Procesa: Comparte esta carta con tu pareja.

ACTIVIDAD 4: **APORTE ESPECIAL**

Un saludable auto-respeto por aquello que tú traes a tu pareja es vital para todo matrimonio. Todas las personas contribuyen a su relación de pareja con algún talento especial, con habilidades, atributos e intereses. En una hoja de papel aparte, haz una lista de los aportes especiales que tú haces a tu matrimonio. Para ayudarte a identificar estas contribuciones, podrías pensar en qué cosas le faltarían a ese vínculo si tú no estuvieras ahí.

Procesa: Comparte esta lista con tu pareja.

ACTIVIDAD 5: **EQUIPAJE**

Cuando se casaron, cada uno trajo a la relación distintas historias personales, actitudes y experiencias. Una forma para poder registrar sus diferencias como individuos es escribir los mensajes que cada uno recibió en su infancia acerca de los siguientes temas, y luego compararlos. Muchas de las actitudes que adoptó cada uno cuando era niño, son las actitudes que aún hoy continúan desplegando.

En una hoja de papel separada, escribe los mensajes que primero se

vienen a tu mente cuando piensas en los siguientes temas:
Niños
Dinero
Trabajo fuera de casa
Dónde vivir
Vacaciones
Sexo
Amor
Familia política
Amigos
Tareas domésticas
(Agrega los temas que quieras)

Procesa: Comparte las respuestas para cada uno de los temas con tu pareja.

ACTIVIDAD 6: **CONSTELACIÓN FAMILIAR**

La familia en la que fuimos criados es el lugar en el que formamos nuestros patrones vinculares, es decir, la forma en la que nos relacionamos, especialmente con nuestros pares; estos patrones siguen vigentes en nuestra vida presente. Muchos de nosotros no tenemos consciencia de cómo aún nos comportamos según la forma en la que nos veíamos de niños, o de una forma diferenciada a como veíamos a nuestros hermanos y hermanas.

La influencia más poderosa en nuestra personalidad la han ejercido nuestros hermanos. Tendemos a casarnos con alguien que se parece al hermano o hermana con quien más competíamos, no con alguien parecido a nuestra madre o padre. Los hijos únicos recuerdan alguien que fue un gran competidor -un padre, primo, o vecino del barrio).

Para descubrir cómo te veías a tí mismo y a los otros, haz un dibujo de la familia en la que creciste, y haz que cada uno de sus miembros diga algo. Dale un título a la imagen, y haz una lista de 3 o 4 adjetivos para cada persona del dibujo. En el dorso haz una lista de 5 a 10 adjetivos que te describan a tí en el momento actual, y 5 a 10 adjetivos que describan a tu esposo o esposa.

Procesa: Comparte este dibujo con tu pareja o en el grupo. Intercambien dibujos y vean si descubren similitudes en sus familias de origen y en sus vínculos de pareja. No analicen, pero sí comenten y compartan impresiones acerca de lo que ven. (Noto que, Siento, Me pregunto...).

ACTIVIDAD 7: **CÓMO NOS CONOCIMOS**

Sería muy sorprendente si tú y tu pareja hicieran el mismo relato acerca de cómo se conocieron. Es absolutamente normal pensar y recordar ese momento de formas diferentes. No significa que tu esposo o esposa se haya olvidado de cómo fue ese día o que no haya estado ahí si su recuerdo es muy distinto del tuyo.

Escribe el relato acerca de cómo conociste a tu pareja. Permítete algo de diversión al hacer esto. Si estás haciendo esto al lado de tu pareja, no mires mientras él o ella escribe su relato. Cuando termines, dale tu relato y pídele que lo lea en voz alta. Mientras escuchas el relato de tu pareja acerca de cómo se conocieron, nota cuán diferentes son sus percepciones. Si esto te cuesta mucho, quizás te ayude imaginar que estás en el teatro.

Recuerda: Romeo estaba en el jardín, y Julieta en el balcón. Sus percepciones acerca de lo que estaba pasando eran distintas porque sus puntos de vista eran diferentes. Los actores de una obra no ven la misma escena estando en lugares distintos. Podrías preguntarte si ambos estaban en la misma obra de teatro. Es normal. Está bien. Es simplemente interesante.

Procesa: ¿Cuán diferentes fueron sus percepciones? ¿Por qué podrían ser diferentes?

¿Qué tipo de cosas recordaba tu pareja que fueron distintas a las que recordaste tú?

ACTIVIDAD 8: **GUSTANDO MÁS DE TU MATRIMONIO**

Cultivar una relación honesta con tu pareja requiere que reconozcas aquellas cosas que te gustaría que fueran diferentes en tu matrimonio. Poder decir qué te gustaría que suceda o qué te gustaría ver en tu relación no significa que ustedes tengan que hacer esas cosas.

Para ayudar a que puedas ser abierto con tu pareja, escribe qué cosas harían que te guste más tu matrimonio. Comienza cada frase con: "Mi matrimonio me gustaría más si...".

Tómate un minuto para imaginar que esto ya está sucediendo. ¿Cómo cambian las cosas?

Ahora imagina que puedes pedir tres deseos y que puedes cambiar tres cosas en tu matrimonio. ¿Qué cambiarías?

Procesa: Comparte tus respuestas. Utiliza un cronómetro para establecer una duración de cinco minutos para cada uno. Si estás trabajando en un grupo, habilita cinco minutos más para que el grupo comparta.

ACTIVIDAD 9: **MAPAS DE TU MATRIMONIO**

Un mapa de tu matrimonio te ayudará a rápidamente tener una noción de dónde se encuentran ahora. En los círculos a continuación, completa con porcentajes la cantidad de tiempo que dedicas tú y tu esposo o esposa a las siguientes tareas:

Trabajo

Hijos

Diversión en pareja

Vacaciones y diversión en familia

Ejercicio / Salud

Logísticas del manejo doméstico

Amigos fuera de la familia

Familia extendida

Tiempo personal

MARIDO - ESPOSA

Procesa: Toma nota de áreas de desequilibrio. ¿Hay demasiado o demasiado poco tiempo en algún punto para alguno de los dos? Dialoga sobre esto con tu pareja. ¿Qué estás aprendiendo acerca de quién eres como individuo y de cómo son como pareja?

SUGERENCIAS PARA COMPARTIR EN GRUPO

Dialoguen sobre cualquiera de las actividades. Compartan sus experiencias, preguntas o sentimientos.

Notas: _____

_____

_____

_____

_____

Capítulo II
COMPRENSIÓN:
Aprendiendo cómo cada uno piensa acerca de las cosas

El amor no domina; cultiva.
—GOETHE

En el primer capítulo comenzaste a ver tu propia singularidad como individuo y como pareja. Eso hizo que ambos cultivaran un espíritu de curiosidad. En este capítulo estarás aprendiendo más formas para alentar a tu pareja a compartir y escuchar sin que ninguno de los dos sienta que escuchar significa estar de acuerdo.

Comenzaste poniéndote en los zapatos de tu pareja, y viendo que él o ella experimenta el mundo de una forma diferente. Ahora eres más consciente de que lo que sucede en el mundo interior de tu pareja es información acerca de él o ella. Necesitas de esta información para comprender la forma en que tu pareja piensa. Sin esto, estarías viviendo a ciegas. Dicho de otro modo, estarías asumiendo que tu pareja piensa y siente como tú, cuando en realidad esto no es así.

Tomar registro de sus diferencias es el paso más importante. Te ayudará con todos los capítulos por delante.

La clave para un matrimonio exitoso es el respeto mutuo. Esto quiere decir que cada miembro de la pareja puede decirle honestamente al otro: "Tienes derecho a tus ideas, actitudes, opiniones y acciones. Podrá no gustarme todo acerca de ellas, pero tienes el derecho a tenerlas. Y yo tengo el derecho a tener mis pensamientos, acciones, opiniones y sentimientos".

Cuando hay respeto mutuo, hay espacio para las diferencias. Las diferencias no son malas. Una vez que son aceptadas, puedes decidir trabajar en la búsqueda de soluciones que se desprenden de estas diferencias, en vez de someterte, condonar o darte por vencido.

Dos personas que se respetan saben profundamente que cada uno es suficientemente bueno, así como es. Sin el respeto mutuo como base fundamental, es muy difícil sostener una relación que dure en el tiempo. Que exista amor mutuo y habilidades de comunicación no es suficiente.

ACTIVIDAD INTRODUCTORIA

EL PROTOTIPO DEL AMOR

Cada persona construye su matrimonio con sus propias ideas acerca del amor. Durante tu niñez, aprendiste a sentirte amado de determinadas maneras. Tu pareja también aprendió formas de dar y recibir amor. Irónicamente, tu pareja podría estar manifestándote amor de muchas formas que pasan desapercibidas para ti, porque no encajan en la imagen que tienes acerca de lo que supones que es el amor.

Para ayudarte a clarificar la forma en la que cada uno de ustedes da y siente amor, debes ir hacia atrás en el tiempo, hacia tu niñez. ¿Cómo le demostrabas a tus padres que los amabas? Escribe esas ideas debajo del título **DEMUESTRA EL AMOR ASÍ**.

Luego piensa, ¿qué hacían tus padres que te hacía sentir amado? Escribe estas ideas en el área debajo del título **SE SIENTE AMADO CUANDO**.

Por ejemplo, los padres de Juan le demostraban su amor leyéndole cuentos y construyendo modelos con él. Juan le mostraba a sus padres que los amaba, trayendo a casa buenas calificaciones y premios por logros en la escuela. Ana, la esposa de Juan, recuerda que sus padres le mostraban su amor cocinando galletas para ella y trayéndole a casa pequeños regalos. Ella le mostraba a sus padres su amor siendo muy afectuosa, dándoles abrazos y besos. Juan se siente amado cuando los otros hacen cosas con él. Demuestra su amor consiguiendo logros. Ana se siente amada cuando le hacen pequeños regalos. Y demuestra amor siendo afectuosa.

ESPOSA		ESPOSO	
Muestra Amor Así:	Se Siente Amada Cuando:	Muestra Amor Así:	Se Siente Amado Cuando:

Procesa: Comparte con tu pareja lo que has aprendido con esta actividad. ¿Ha estado tu pareja haciendo cosas que para ti pasaron desapercibidas como demostraciones de amor? Haz una copia de este cuadro. Ubícalo en un lugar en el que puedas verlo todos los días. Cuando tu pareja haga algo de eso que aprendió en su niñez como una forma para demostrar amor, reconoce eso como el cumplido más grande que él o ella puede hacer contigo.

Si no es posible para ti pensar en las formas en las que demostrabas o sentías amor cuando eras niño, podrías no saber que ERES digno de ser amado. En ese caso, quizás quieras trabajar con un terapeuta que te ayude a aprender formas en las que puedas sentirte amado y desplegar tus propios patrones para demostrar amor.

ACTIVIDADES DE APRENDIZAJE

ACTIVIDAD 1: ESTILO DE VIDA

Cada uno de nosotros lleva consigo memorias de su infancia que pueden ofrecernos información acerca de cómo nos vemos a nosotros a mismos, a los otros y al mundo. Estas percepciones tempranas son la base de nuestras creencias inconscientes. Aunque se conforman durante la niñez, frecuentemente vivimos nuestras vidas adultas como si éstas fueran verdades. Se convierten en reglas -o en portillas- a través de las que miramos la vida. Comprender nuestras creencias tempranas puede ayudarnos a tomar registro de actitudes inconscientes.

Por ejemplo, Candela tiene un recuerdo de cuando tenía 4 años. Sus abuelos habían venido de visita. Su madre había pasado la tarde preparando la cena, mientras su abuela le enseñaba canciones divertidas. Los hombres -su padre y su abuelo- fueron al garaje a ver algo. Este recuerdo le da a Candela información valiosa acerca de sus creencias inconscientes.

Yo me divierto con otra persona.

Otros saben cómo hacer las cosas.

Las mujeres cocinan y cantan. Las mujeres me enseñan.

A los hombres les interesan cosas que están fuera de casa. Los hombres hacen cosas juntos.

La vida es emocionante.

Entonces, puedo divertirme y aprender con mujeres que cocinan y cantan, pero los hombres hacen cosas juntos, fuera de casa.

Un titular estilo periodístico de este recuerdo podría decir algo así: **Candela siente que la vida es emocionante cocinando y cantando sin hombres.**

¿Qué puedes aprender de ti mismo? Piensa por un momento en cuando eras niño. Enfócate en un recuerdo. Escríbelo, palabra por palabra. Ahora, descubre qué información te regala este recuerdo acerca de los siguientes puntos:

Yo… Los otros… La vida…

Los hombres… Las mujeres… Entonces…

Procesa: Comparte tus descubrimientos con tu pareja o con otra pareja del grupo. Ofrece y recibe retroalimentación de los demás. Dado que sostienes estas creencias, ¿cómo ayudan o lastiman una relación? Con la ayuda de tu pareja o de otra pareja, elabora un titular o síntesis de tu creencia —algo que puedas recordar fácilmente- para ayudarte a ver cómo experimentas la vida.

ACTIVIDAD 2: **INVITACIONES**

Esta actividad te ayudará a desplegar tu "actitud de curiosidad" para aquellos momentos en los que tu pareja hace un juicio o afirmación sobre tu persona. Si eres como casi todo el mundo, probablemente cuando esto sucede, cierras la puerta a toda comunicación y comprensión, y comienzas a levantar tus defensas, más que permanecer abierto y disponible. Por ejemplo, un miembro de la pareja podría decir algo como: "Eres tan descuidado cuando se trata de guardar tus cosas". Una respuesta típica podría sonar así: "Bueno, si TÚ no cambiaras todo el tiempo el lugar de cada cosa, yo no tendría tanto problema para guardarlas. Además, eres tan quisquilloso."

Como podrás imaginarte, una conversación como ésta podría escalar y desencadenar sentimientos hirientes para ambos bandos. Algunas personas atacan, otras se defienden y otras simplemente se cierran. Pero el resultado es el mismo. La comunicación y la comprensión se han detenido.

Cuando tienes una actitud de curiosidad, tú quieres que tu pareja te ofrezca ejemplos -más información. Permaneciendo en actitud de curiosidad, quieres reunir información acerca de cómo los otros te ven. Tú *quieres* aprender más acerca de ti mismo. Recuerdas que escuchar no significa estar de acuerdo. Entiendes que cuando validas los sentimientos de tu pareja no significa que debas cambiar, arreglar el problema o encontrar una solución. Es más fácil permanecer curioso si recuerdas que eso que está siendo dicho sobre ti, no es quien tú eres. Es solamente información acerca de cómo podrías estar llevando las cosas, y es también información que te ayudará a comprender mejor a tu pareja.

Primero, para ayudarte a tomar consciencia acerca de tu propio comportamiento y para que puedas conectar con la forma en la que detienes la comunicación, pide a tu pareja que haga un juicio sobre ti o que afirme algo acerca de ti. Diviértete un poco con esto. En vez de escuchar activamente, prueba defendiéndote, atacando o cerrándote.

Procesa: ¿Qué aprendieron acerca de ustedes mismos? ¿Cuál de estos tres estilos que detienen la comunicación resultó más natural para tí?

Ahora, para conectar con tu actitud de curiosidad, pídele a tu pareja que haga un juicio o una afirmación sobre ti. Puedes utilizar algo que él o ella haya dicho con anterioridad o algo nuevo. En este paso, tu pareja debe asumir el riesgo de ser honesto contigo. Por ejemplo, tu esposo dice: "Eres un despilfarrador". En vez de discutir o pelear, solicita más información. Di: "No sabía que te sentías así. Dime algo más al respecto". Luego escucha. Pregunta: "¿Hay algo más que quieras agregar?. Luego escucha de nuevo. Finalmente pregunta: "¿Cómo te hace sentir esto?".

El propósito de escuchar es el de obtener información, el de clarificar cuál es el verdadero conflicto de tu pareja, y aprender sobre ií mismo. En el ejemplo anterior, el conflicto podría no ser que tú eres un despilfarrador. Podría en realidad ser que tu pareja desea poder gastar más dinero en cosas personales, pero no se siente cómodo o cómoda haciéndolo. Sin embargo, como siempre terminan en una pelea, él o ella podría nunca aprender sobre sí mismo.

Sigue estas reglas básicas para mantener la comunicación abierta:

1. El objetivo de escuchar es aprender, no arreglar.

2. Sólo un miembro de la pareja puede emitir un juicio o hacer una afirmación, por vez. El otro miembro deberá esperar su turno para otra ocasión. Si, en cambio, a un juicio se le responde con otro, quien haya hecho el primero sentirá que el otro está "devolviéndole el golpe".

3. Es extremadamente importante que puedan manifestarse mutuamente cuánto aprecian la apertura con el otro, que se expresen gratitud, y que compartan cuánto se aman el uno al otro.

4. Si el miembro de la pareja que está escuchando comienza a sentir mucho dolor, DETENTE. No continúes en ese momento. Es perfectamente válido parar y probar más tarde. Sí, puedes descubrir qué defensas se activan en ti.

Aquí se proponen algunas sugerencias de lo que puedes decir:

¿En serio? No sabía que te sentías de ese modo. Cuéntame más sobre esto.

¿Podrías ser más específico?

¿De qué maneras hago esto que dices?

¿Hay alguna otra cosa que quisieras agregar?

¿Cómo te hace sentir esto?

Gracias por compartir esto conmigo.

Procesa: ¿Qué aprendiste acerca de ti mismo o de tu pareja? ¿Lograste permanecer en actitud de curiosidad o te enojaste y/o defendiste?

ACTIVIDAD 3: **LLENANDO TU TANQUE DE AMOR**

Esta actividad te ayudará a recordar que leer la mente del otro no funciona. Muchos de nosotros pensamos que si pedimos algo, entonces esto no es tan bueno. Si nuestra pareja realmente nos ama, sabrá lo que necesitamos. Si nos ama, entonces no tendremos que pedir. Contrario a la opinión popular, cuando tú pides algo, es tan bueno como cuando alguien adivina qué deseas.

¿Por qué pedir lo que quieres? Porque si das, das y das, terminarás vaciándote de tu energía y de tus recursos. Necesitas recargar tu tanque. Sin embargo, cuando pides, debes ser muy claro al expresar lo que deseas. Si pides lo que deseas, podrías obtenerlo.

Aprenderás lo agradable que es no tener que esperar a que tu pareja lea tu mente.

Toma nota de todas las formas posibles en la que recargarías tu tanque de amor. Por ejemplo, tu lista podría incluir tener tiempo personal para ti mismo, darte un masaje, ir de compras, obtener ayuda con la limpieza, obtener un abrazo, lograr que tu esposo o esposa note lo duro que has estado trabajando y lo reconozca.

Comparte esta lista con tu pareja. Pídele a tu compañero que haga una de las cosas de la lista dentro de la próxima semana o día.

Procesa: ¿Cómo se sintió hacer esa lista? ¿Cómo se sintió compartirla con tu pareja?

¿Cómo se sintió pedir? ¿Qué harías si tu pareja te dice que no?

ACTIVIDAD 4: **CREANDO UN PUERTO SEGURO**

Esta actividad te ayudará a abrirte a esas áreas en las que eres vulnerable y te clarificará qué es lo que de verdad deseas de tu pareja cuando te sientes triste o desanimado.

- Escribe las siguientes frases en un papel, completando los espacios en blanco:

- Lo que deseo de mi pareja cuando me siento triste o desanimado es…

- (Un comportamiento específico, como un abrazo, o que diga "Sé que vas a poder resolverlo").

- Cuando mi pareja se siente triste y desanimado, yo asumo que él / ella desea… (Un comportamiento específico, como distancia, que le hable del tema, etc.).

- Lo que mi pareja hace que realmente me lastima es…

- (Un comportamiento específico, como irse de la habitación, revolear los ojos).

- El arma más sucia que tengo para lastimar a mi pareja es… (Un comportamiento específico, como actuar como si él/ella fuera el problema, o juzgar su conducta).

Procesa: Comparte esto con tu esposo / esposa.

SUGERENCIAS PARA COMPARTIR EN GRUPO

Discutan acerca de cualquiera de las actividades. Comparan sus experiencias, preguntas o sentimientos.

Notas: _____

_____

_____

_____

_____

_____

_____

_____

_____

_____

_____

_____

_____

_____

_____

_____

Capítulo III
DEPENDENCIA, INDEPENDENCIA, INTERDEPENDENCIA:
El coraje de soltar

Muchos hombres y mujeres se casan con la creencia que son dos medias-personas que se convierten en una. La idea detrás de esta creencia es que tú no eres una persona completa —no eres suficientemente bueno—- a menos que encuentres pareja. A través de tu pareja, de algún modo, tienes la creencia que deberías obtener todo lo que no tienes y experimentar aquello que no has experimentado. Este tipo de actitud transforma a tu pareja en una muleta que debes mantener cerca de tí todo el tiempo. No pueden ir demasiado lejos el uno del otro. Deben aferrarse el uno al otro para poder operar en el mundo. Este tipo de vínculo es de dependencia. Es sofocante, asfixiante, debilitante, y disfuncional. Frena el crecimiento. Y sin crecimiento no hay salud. Los vínculos de dependencia lastiman a todos.

¿Qué queremos decir cuando hablamos de dependencia? En la base de la dependencia está el miedo. En su peor escenario es un miedo que dice: "Si te suelto, me dejarás; y si me dejas, moriré". Significa no aceptar el hecho de que eres solo o sola. Y de que eres un individuo capaz y completo. Una vez que aceptes tu ser-solo —y tu ser completo— puedes estar con otros de formas que te nutran y nutran a los demás.

La dependencia es una excusa para no mirar tu propia conducta. Conduce a culpar a otros, a hacer a otros responsables de tus decisiones, y buscar excusas, en vez de hacer las cosas que necesitas hacer en tu vida para aprender y crecer. La vida es un proceso con muchas lecciones para aprender- Nadie puede hacer esos aprendizajes por ti.

La mayoría de las parejas quieren una relación que sea interdependiente: en la que las decisiones se toman sobre la base de acuerdos, no de presuposiciones. Un acuerdo sólo puede alcanzarse cuando cada miembro de la pareja ha tenido la oportunidad de compartir sus sentimientos y pensamientos. Las presuposiciones son, en el mejor de los casos, conjeturas. Cuando eres interdependiente, reconoces que tú y tu pareja pueden tener diferencias, y que éstas enriquecen la relación y ayudan a cultivar la sociedad. Existe cooperación, confianza, respeto y decisiones que se toman en conjunto.

No puedes pasar de una relación dependiente a una interdependiente sin antes ganar tu independencia. Si estás en una relación en la que ambos son muy dependientes, deberán primero comenzar a madurar cada uno: cultivando el coraje y la confianza en tu esposo o esposa, asumiendo riesgos, probando cosas nuevas, y soltando a tu pareja.

ACTIVIDAD INTRODUCTORIA

DEPENDENCIA

Si no estás en un grupo, esta actividad será un poco más difícil, pero debe ser realizada utilizando el cuerpo para poder tener una comprensión emocional acabada. No te quedes simplemente en la lectura, ¡hazla!

Una persona será "A", otra será "B".

1. Los "B" deberán tomarse del cuello de los "A" desde atrás. B intenta caminar. (¿Ves cuánto lo necesito?).

2. A se tira para atrás como si fuera una tabla de planchar; B lo sostiene desde atrás (¿Ves lo fuerte que soy?; nadie se dará cuenta de que estoy siendo secretamente sostenido).

3. A y B se miran, uno caminando sobre los pies del otro. (Nadie nunca podrá interponerse entre nosotros. Mira lo libres que

somos).

4. A y B se paran, espalda contra espalda, y entrelazan sus brazos. (Tenemos todos los ángulos cubiertos; no somos dependientes porque miramos hacia el mundo).

5. A y B ponen una pierna juntos, de la cadera al pie, se abrazan, como para ser un único ser de tres piernas. (Somos dependientes, pero no se nota tanto).

6. A y B ponen sus palmas juntas. A camina hacia atrás, manteniendo el equilibrio con B. (Mira lo rebelde que soy, y lo dependiente que eres tú). (Resalta el punto de que aquello a lo que te opones, se adueña de ti)-

¿Te has dado cuenta que en todas las actividades en las que uno actúa solo, la relación se descompone?

Ahora, párense a una distancia que les resulte cómoda, mirando a su pareja. (Un matrimonio interdependiente requiere distancia y la presencia del otro).

¿En qué modelo encuentras a tu pareja actualmente?

¿Qué necesitas conquistar para llegar a donde quieres llegar?

Procesa: Comparte cómo te sentiste en cada una de las secuencias.

ACTIVIDADES DE APRENDIZAJE

ACTIVIDAD 1: **RECONOCIMIENTOS**

Una de las formas de alentar la independencia y la interdependencia es tomarse el tiempo para ofrecerse reconocimiento mutuamente. Sin embargo, si eres dependiente, podrías sentirte inseguro acerca de tu propio valor.

Si sientes que no eres suficientemente bueno, entonces probablemente estás menospreciándote, criticándote y creyendo que eres nada. ¡Necesitas apreciarte y darte aliento! Cuanto mejor te sientas contigo mismo, más podrás apreciar y reconocer las maravillosas cualidades de tu pareja, y serás más capaz de ofrecer reconocimiento a tu esposa o esposo.

Piensa en un área en la que estés siendo negativo contigo mismo. Escribe esto en una hoja. Ahora, con la ayuda de tu pareja, transforma esa voz interior negativa en una afirmación positiva. Por ejemplo si te dices a ti mismo "Soy desorganizada", tu pareja debe transformar eso en algo positivo. (Por ejemplo: "Eres una persona capaz, y está bien hacer una cosa a la vez". O "Puedes permitirte dar pequeños pasos). Si tú dices: "Nunca gano suficiente dinero", tu pareja podría transformar eso en una afirmación positiva. (Por ejemplo: "Tu valor no está determinado por la cantidad de dinero que ganas" o "Lo resolveremos".)

Lee tu nueva afirmación positiva tres veces cada día.

Procesa: Transformar afirmaciones negativas en positivas suele ser difícil. Comparte lo que aprendiste con tu pareja.

ACTIVIDAD 2: CUMPLIDOS

Otros pueden decirte cumplidos, pero podrías no estar escuchando aquello que en verdad quisieras escuchar. Por ejemplo, te gustaría mucho que tu esposo te dijera que eres una gran anfitriona. Y tu pareja podría estar diciéndote que eres una gran cocinera, o que eres una gran decoradora, pero eso no es lo que de verdad quieres escuchar.

Para ayudarte a descubrir los cumplidos que te gustaría escuchar, toma nota de tres cosas que te gustaría que te reconocieran. Dale esta lista a tu pareja y pídele que te diga: "Aprecio (tu ítem de la lista)". Por ejemplo: "Aprecio lo buena animadora que eres".

Di: "Gracias" a tu pareja. Dale un abrazo y di: "Estoy contenta/ contento de haberme casado contigo".

Procesa: Comparte tu experiencia y tus sentimientos con tu pareja y con el grupo.

ACTIVIDAD 3: **EL LISTADO DE LA DEPENDENCIA**

Esta actividad te permitirá evaluar cuán dependiente eres. Indica tus respuestas a las siguientes preguntas, en una escala del 0 al 5. (0 significa Si. 3 significa A veces. 5 significa NO.)

A. ¿Te abstienes de dar y recibir órdenes de tu esposo / esposa?

B. ¿Habilitas tiempos de distancia de tu esposo / esposa?

C. ¿Crees que la felicidad de tu pareja es algo que depende de él / ella?

D. ¿Dices lo que piensas aún cuando esto podría molestar a tu pareja?

E. ¿Le dices "no" a tu pareja cuando así lo deseas?

F. ¿Eres capaz de probar cosas nuevas sin pedir permiso a tu pareja?

G. Si tu pareja te dejara mañana, ¿podrías lidiar con las siguientes áreas?:

H. Los niños.

I. Las cuestiones de dentro de tu casa.

J. Las cuestiones de afuera de tu casa.

K. El trabajo.

L. El lavado de tu ropa.

M. El mantenimiento de tu auto.

N. La chequera.

Suma tu puntuación y ubícate en el siguiente gráfico:

Independiente ⟶ **Dependiente**
(0)   (65)
o———————————————————————o

ACTIVIDAD 4: **EL MATRIMONIO COMO UNA ELECCIÓN**

La decisión de permanecer casados, es siempre una elección, igual que cuando dos personas deciden casarse. Pregúntate lo siguiente: "Si mi pareja nunca cambiara ni un ápice de cómo es en este momento, ¿aún querría permanecer casado/casada?".

Si tu respuesta es no, entonces tu decisión de permanecer casado es una elección. Puedes dejar de intentar que tu pareja cambie, porque no puedes cambiar a nadie excepto a ti mismo. Puedes hacer lo que necesitas hacer para enriquecer tu vida, o puedes dejar a tu pareja y crear una nueva relación con otra persona.

Si tu respuesta es sí, pero aún no te gustan algunos de los comportamientos de tu pareja, reconoce que tú también permaneces en este matrimonio por elección. Puedes, sin embargo, cambiar lo que haga falta cambiar en ti para hacer tu propia vida más rica. Debes reconocer que no puedes hacer que otra persona cambie. El cambio de tu pareja debe venir de su deseo personal de cambiar.

Procesa: Dialoga con tu pareja sobre tus respuestas.

ACTIVIDAD 5: **CONTROLANDO A TU PAREJA**

Esta actividad te ayudará a entender la imposibilidad de controlar a tu pareja. Puedes hacerla utilizando harina de maíz o visualizando el proceso.

Toma un paquete de harina de maíz y vierte un poco en la palma de tu mano. Tu tarea es contenerla y controlarla. Si tratas de apretar bien fuerte tu mano, ¿qué sucede? Si dejas tu mano bien estirada, ¿qué sucede? ¿Qué sucede cuando ahuecas la palma de tu mano apenas un poco? ¿Qué maneras existen para dejarle espacio a tu pareja y a la vez darle a conocer cuáles son tus límites?

Procesa: Dialoga con tu pareja y con el grupo cómo se relaciona esta actividad con el matrimonio.

ACTIVIDAD 6: **APLACANDO**

En toda relación, existe la necesidad de una honesta retroalimentación respecto de los límites de cada miembro de la pareja. Cada uno debe realmente ser claro en este punto. Si los límites no están bien definidos, entonces puede crecer el resentimiento. El resentimiento conduce a la venganza, a lastimarse mutuamente y al enojo.

Toma unos minutos para cerrar los ojos e imaginarte que tienes un gran globo lleno de aire. El globo es tu límite, y alguien está intentando empujarlo. Cada vez que esa persona lo empuja, él o ella demanda algo de ti o te está empujando demasiado lejos. No dices nada, y la persona continúa empujando. ¿Qué pasaría si esto sucede una y otra vez? ¿Cómo sería si nunca le dejas claro a la persona cuál es tu límite diciendo: "Detente, no puedo manejar esto", o "Esto no me gusta"? (Más tarde o más temprano el globo explotará, y ese será su fin).

Procesa: ¿De qué formas sueles aplacarte? ¿En qué áreas no le dices a tu pareja dónde está tu límite? Crea una afirmación para ti mismo, que puedas usar con tu pareja, como por ejemplo "Este es mi límite, y me gustaría que lo sepas" o "No puedo obligarte a hacer esto, pero así es como es para mí". Practica diciéndole esta afirmación a tu pareja.

ACTIVIDAD 7: **EVALUACIÓN DE DEPENDENCIA / INTERDEPENDENCIA**

Esta actividad te ayudará a ver dónde encajas en tu relación, en cuanto al nivel de dependencia o interdependencia que percibes respecto de tu pareja. En una hoja aparte, completa las siguientes afirmaciones con la mayor cantidad de ítems que puedas pensar:

A. Si no fuera por (nombre de tu esposo o esposa), yo…

B. Sin (el nombre de tu esposo o esposa), yo no podría…

Procesa: Comparte tu lista con tu pareja y con otra persona. Pide ayuda a tu esposo o a la otra persona para discernir si tus afirmaciones son dependientes o interdependientes.

Una afirmación dependiente tendría una definición muy clara de roles de género; expresaría temor, excusas, culpa y acusaciones. Incluiría formas en las que una persona se limita a sí misma en su crecimiento. Una afirmación interdependiente, mostraría la relación como un puerto seguro, en la que ambos se prestan ayuda, existe la cooperación y el respeto mutuo, el coraje, el riesgo y la honestidad. Por ejemplo: "Si no fuera por Jorge, podría desarrollarme en mi carrera", es una afirmación dependiente y acusatoria. También lo es "si no fuera por Marta, podría ir de pesca". Por otro lado, una afirmación como "si no fuera por el aliento de Jorge, no me hubiera postulado para el puesto de gerente" muestra la capacidad de asumir riesgos y coraje, igual que "si no fuera por el ánimo que me dio Marta, no hubiera ido a ese viaje de pesca a Alaska".

SUGERENCIAS PARA EL TRABAJO EN GRUPO

Dialoguen sobre cualquiera de las actividades. Compartan sus experiencias, preguntas y sentimientos.

Notas: _____

_____

_____

_____

_____

_____

Capítulo IV
COMUNICACIÓN:
Ser asertivo y respetuoso

Lo opuesto al amor es la soledad

En los anteriores tres capítulos, venimos pidiéndoles que compartan sus pensamientos, ideas, creencias y sentimientos el uno con el otro. En este capítulo estaremos enfocándonos más de cerca en la comunicación. La comunicación, sin embargo, ha sido sobreestimada. Fue alguna vez considerada como la solución absoluta de todo matrimonio infeliz. Se pensaba que si aprendías una forma distinta de ordenar tus palabras, o si aprendías los artilugios necesarios, entonces te estarías comunicando.

La comunicación real ocurre en un nivel más profundo. A menos que exista el respeto mutuo, ustedes no serán capaces de comunicarse. No serás capaz de escuchar profundamente para oír la intención de aquello que está siendo dicho. La intención proviene de un lugar distinto, no de la boca.

La mayor parte de la comunicación que tenemos proviene de nuestra mente y toma la forma de juicios, racionalizaciones y análisis. En una relación de pareja, las personas necesitan comunicarse desde el corazón y desde sus entrañas, de forma honesta. Esta honestidad está relacionada con el coraje de asumir el riesgo de exponerse y revelarse frente al otro.

Cuando te sientes respetado, te sientes seguro de decir lo que sea. Cuando respetas a la otra persona, quieres escuchar sentimientos reales y entender de dónde vienen.

Aunque tienes sentimientos, no tienes el derecho de decir cosas que pueden lastimar. Honesto no quiere decir abusivo o hiriente. Puedes estar enojado y amar a alguien al mismo tiempo. .

La comunicación puede ser una herramienta poderosa y maravillosa que te ayudará a derribar las barreras que existan en tu matrimonio. No hablar sobre las cosas es muy solitario.

ACTIVIDAD INTRODUCTORIA

HABLAR DESDE TU CORAZÓN Y DESDE TUS ENTRAÑAS

Cuando seas capaz de hablar desde tus entrañas y desde tu corazón, sentirás un enorme alivio, es muy distinto de las sensaciones que provoca hablar desde tu mente. Hablar desde la mente, refiere a racionalizaciones, juicios y observaciones, en lugar de hablar desde los profundos niveles de tu corazón y entrañas. Debido a la oportunidad para la retroalimentación y la discusión, esta actividad está pensada para hacerse en grupo. Pero podrías querer intentar hacerla en casa. Si ves que esto te resulta muy difícil, resérvala para un momento en el que puedas hacerla con otras parejas, o en un espacio de terapia.

Piensa en algo que te gustaría especialmente que tu esposo o esposa escuche, algo sobre lo que has estado dando vueltas y vueltas, pero que crees que tu pareja no ha podido escuchar. Elige una de esas cosas que te hacen sentir tan frustrado y que te provocan por momentos la sensación de querer rendirte.

Con el grupo como testigo, listo a devolverte retroalimentación en referencia a si te estás comunicando desde tu mente o desde tu corazón y tus entrañas, dile a tu pareja eso que quieres que escuche.

Primero, brevemente -en una o dos oraciones- habla desde tu mente. Dile a tu pareja lo que quieres que él o ella escuche. (Los miembros del grupo deben decirte si efectivamente estás hablando con tu mente. Es decir, emitiendo juicios, racionalizando, haciendo observaciones, etc.).

Por ejemplo, "Me encantaría que hicieras un presupuesto, así te das cuenta de lo que son los gastos".

Ahora, pon tus manos sobre tu corazón. Di lo mismo a tu pareja, hablando esta vez desde el corazón. (Los miembros del grupo deben decirte si aún sigues hablando desde tu mente. Si eso sucede, vuelve a intentarlo). Por ejemplo, "Es duro para mí cuando no traes a casa más dinero. Me siento presionada y preocupada por pagar las cuentas".

Ahora, pon tus manos sobre tu estómago. Di lo mismo a tu pareja, hablando esta vez desde tus entrañas. (Los miembros del grupo deben decirte si aún sigues hablando desde tu mente o desde tu corazón. Si eso sucede, vuelve a intentarlo). Por ejemplo, "Estoy enojada porque le pagaste a los otros antes que a ti mismo. Cuando tu quiebras económicamente, eso pone una presión extra sobre mí para que consiga más dinero".

Procesa: Discute sobre la experiencia de hablar desde tu mente, corazón y entrañas.

¿Pudiste percibir las diferencias en tu cuerpo?

ACTIVIDADES DE APRENDIZAJE

ACTIVIDAD 1: ¿ESTÁS DICIENDO?

Las parejas suelen decirse cosas el uno al otro, inclusive antes de comprenderse cada uno a sí mismo. Esta actividad te ayudará a ti y a tu pareja a clarificar y entender qué es lo que tu esposo o esposa está tratando de decirte. Tu objetivo es hacer preguntas que comiencen con "¿Estás diciendo que...?", hasta que tu pareja te devuelva tres "Sí".

Por ejemplo, supón que tu esposo te dice, "Realmente extraño encontrarte aquí cuando vuelvo a casa de trabajar". Tu consigna es hacer todas las preguntas necesarias hasta que tu pareja responda "sí" tres veces. Podrías preguntar: "¿Estás diciendo que no te gusta que trabaje?". (Ella responde "no"). "¿Estás diciendo que te sientes sola cuando yo no estoy?". (Ella responde "sí"). "¿Estás diciendo que quisieras que yo renuncie a mi trabajo?". (Ella dice "no"). "¿Estás diciendo que te resulta difícil llegar a una casa vacía?". (Ella dice "sí). "¿Estás diciendo que te gustaría llegar a casa más tarde que yo?". (Ella dice "sí").

Cuando hayas obtenido tres respuestas afirmativas, detente. Tienes ahora más información acerca de lo que tu pareja realmente quería decir en la afirmación original; y tu esposo o esposa también.

Procesa: Comparte con tu pareja cómo difiere esta actividad del estilo habitual de escucha que es propia de la relación que tienen.

ACTIVIDAD 2: **CONFERENCIA DE MATRIMONIO**

Todas las parejas necesitan un tiempo para discutir conflictos y problemas. Pero frecuentemente la comunicación se quiebra porque cada miembro de la pareja no tiene la oportunidad de hablar libremente sin ser interrumpido.

Fijen un tiempo para estar a solas. Cada uno podrá contar con 10 minutos de escucha ininterrumpida. Mantén tu boca cerrada mientras tu esposo o esposa habla. Todo lo que se diga durante esta conferencia no podrá ser vuelto a conversar hasta la siguiente conferencia. Si están en crisis, hagan esta actividad una vez al día; si no, pueden planear hacer esto con una frecuencia semanal. Cada miembro de la pareja puede hacer uso absoluto de esos 10 minutos, incluso si no tiene nada que decir.

(Es sorprendente cómo, a veces, luego de 5 minutos de silencio, algo surge. Asegúrense de que no haya ninguna distracción.)

ACTIVIDAD 3: **SIMPLEMENTE DI "NO"**

Realiza esta actividad con tu esposa o esposo, turnándose. Pídele algo a tu pareja. Tu pareja deberá decir "no" sin dar explicaciones, excusas, ni nada. Deberás intentar manipular a tu pareja para que diga "sí" por todos los medios que se te ocurran.

Procesa: Después de que ambos hayan tenido la oportunidad de ser manipuladores, discutan cuáles formas les resultaron más difíciles de resistir. Cuando te tocó a ti ser manipulador, ¿qué recursos utilizaste? ¿Son recursos que utilizabas de niño? ¿Cómo se sintió decir "no"? ¿Qué fue más difícil para ti? Piensa en algunas áreas en las que esto que aprendiste podría resultarte útil.

ACTIVIDAD 4: **NOTAS**

Comunicarse con notas es otra herramienta que podría ayudar a tu relación de pareja. Escribe una nota que podrías poner debajo de la almohada de tu pareja o en su almuerzo. Piensa en una nota que escribirías si tu pareja hubiera olvidado hacer algo que prometió. ¿Qué diría?

ACTIVIDAD 5: **COMENZANDO Y TERMINANDOCON LA MISMA COSA**

Esta actividad te ayudará a tener más consciencia de qué haces para evitar tener que lidiar con los conflictos reales de tu relación de pareja, y cómo podrías estar resguardándote detrás de argumentos que dan vueltas y vueltas, y te desvían. Esto quiere decir que podrías estar evitando lidiar con el conflicto, cambiando de tema, generalizando, dramatizando, atacando a tu pareja, enojándote, o procrastinando. El siguiente ejemplo muestra cómo funcionan los desvíos:

Esposa: "No me gusta ser siempre la que llama a la babysitter".

Esposo: "Estoy leyendo el periódico y prefiero hablar sobre esto más tarde".

Esposa: "Comprendo, pero las últimas 18 veces que puse este tema sobre la mesa, tú encontraste una razón para no hablar. Necesito resolver esto".

Esposo: "Desde que comenzaste a asistir a esas clases, has estado muy demandante".

Esposa: "Esto no tiene que ver con las clases. Es sobre la babysitter".

Esposo: "Bueno, es que me parece ridículo que sean tan costosas".

Esposa: "Aprecio tu preocupación, pero quisiera que tuviéramos una lista de babysitters y nos turnáramos para llamarlas cuando necesitemos una".

Esposo: "Estoy cansado de todas las listas, cuadros, tablas y cronogramas".

Esposa: "Aún no hemos resuelto esto. Estás desviando la conversación y yo necesito resolver este tema".

En esta actividad, uno de ustedes debe decirle al otro algo sobre lo que quiere hablar. El otro debe hacer todo lo posible por desviar la conversación. El miembro de la pareja que quiere tratar el tema, tiene el trabajo de no permitir al otro que se desvíe. Consigue traer a tu esposo o esposa de vuelta al tema hasta que puedan hablarlo.

Procesa: Dialoguen acerca de cómo se sintió tratar de desviar al otro. ¿Y cómo se sintió tener que hacer el esfuerzo de traer al otro al tema todo el tiempo?

ACTIVIDAD 6: **DIEZ PALABRAS O MENOS**

Comunicarse puede ser maravilloso, pero hablar demasiado puede ser un problema para muchas parejas. En vez de hablar y hablar sobre un tema, dile a tu pareja en diez palabras o menos lo que quieres decir. Por ejemplo: "Estoy enojada porque el auto no tenía gasolina", en vez de "Juan, quiero hablarte sobre el auto. Hoy fui a usarlo, y cuando me subí y puse en marcha el motor, ¿adivina con qué me encontré?".

Mientras hablas, haz que tu pareja cuente las palabras que dices y te frene cuando llegues a diez. Continúa intentándolo hasta que logres completar el mensaje en menos de diez palabras.

Procesa: Dialoga sobre esta actividad con tu pareja o en el grupo.

ACTIVIDAD 7: **OBSERVA MIS LABIOS**

Es especialmente útil cuando sientes que tu pareja no está prestando atención a lo que dices, señalar tus labios y decir: "Observa mis labios". Repite esta frase hasta que obtengas su atención plena.

Practica varias veces. ¿Lo tienes? Procesa: ¿Podrías utilizar este técnica?

ACTIVIDAD 8: **DIÁLOGO INTERNO**

Poder escucharse a uno mismo mientras le hablamos a otra persona, y descargar todos los pensamientos que están en la cabeza, es uno de los gestos de mayor apoyo que una persona puede recibir de otra. Sin embargo, muchos de nosotros todavía creemos que cuando otro nos habla, tenemos que ofrecer consejo, observaciones, y comentarios.

Normalmente, lo que el otro necesita es solo ser bien escuchado.

Pídele a tu pareja que te de algo de su tiempo y se ofrezca como caja de resonancia, sin ofrecerte ayuda, sugerencias ni retroalimentación. Habla sobre algo que te esté molestando. Mientras te descargas de todo lo que da vueltas por tu cabeza, probablemente escuches cosas que te ayuden a comprender mejor eso que te pasa y podrás escucharte a ti mismo.

Si eres el que está en escucha, haz todo lo necesario para mantener tu boca cerrada —inclusive si esto significa poner tu mano sobre tu boca.Tomen turnos para practicar. Uno habla, el otro escucha —sin comentarios, sugerencias u observaciones.

Procesa: ¿Fue más fácil hablar o escuchar? ¿Cómo se sintió?

ACTIVIDAD 9: **DISCUTIENDO MIRÁNDOSE A LOS OJOS**

La discusión es uno de los hábitos que más pueden distanciar a las parejas, pero los desacuerdos no deben necesariamente crear muros entre ustedes. Decidan tener una discusión sobre cualquier tema que quieran. Mírense a los ojos, tómense de la mano o hagan cualquier contacto físico mientras discuten.

Procesa: compartan cómo fue establecer contacto físico durante una discusión. ¿Resultó más difícil sostener la discusión? ¿Cómo fue mirarse a los ojos?

ACTIVIDAD 10: **CAMINA EN LOS ZAPATOS DE TU PAREJA**

Muchos de nosotros creemos que comprendemos el punto de vista de nuestra pareja porque imaginamos que estamos en sus zapatos. Para realmente entender a nuestra pareja, tenemos que mirar desde su posición, entendiendo cómo se siente ser él / ella.

En esta actividad, uno de ustedes va a hablar sobre algo que le molesta. El otro debe reflejar esto que está siendo dicho. Por ejemplo, si un miembro de la pareja se siente herido porque no fue invitado a un paseo en barco, quien escucha puede devolverle sus afirmaciones de la siguiente manera:

¿Te estás sintiendo... (lastimado)?

¿Desearías que... (yo fuera al paseo en bote contigo)?

¿Y estás pensando... (Que no me importas)?

¿Es correcto esto que digo?

Si no es correcto, ¿qué parte me perdí?

¿Entendí bien?

¿Me perdí algo?

¡Muéstrale a tu pareja que estás en sus zapatos!

Procesa: Comparte cómo se sintió ser escuchado.

ACTIVIDAD 11: **INTERRUMPIENDO**

Interrumpir y hablar por tu pareja es una forma segura de quebrar la comunicación. Entonces, con tu esposo / esposa, hablen sobre un tema mientras el otro interrumpe y habla por el otro. Tomen turnos siendo el interrumpidor y el que habla.

Procesa: ¿Cómo se sintió ser interrumpido o que otro hablara por tí? ¿Cómo se sintió ser el interrumpidor? ¿Esto pasa en tu matrimonio?

Si tu pareja te está interrumpiendo, ¿podrías encontrar una señal no verbal para hacerle a tu esposo/esposa de manera que puedas continuar la conversación?

ACTIVIDAD 12: **FRASES INCOMPLETAS**

Algunos de nosotros tenemos dificultad para decir lo que realmente sentimos, especialmente cuando llegamos a la parte difícil o dolorosa. Una persona que está experimentando dificultad, no necesita que alguien lo ayude terminando su frase. Necesita su aliento y ayuda para poder expresarse con su propia voz y en sus propias palabras.

En un matrimonio, es necesario hablar de los sentimientos dolorosos. Si puedes ayudar a tu pareja a poner en palabras lo que realmente siente, estarás acercándote a una comprensión más profunda.

Con tu pareja tomen turnos para ser quien habla y quien escucha, y hagan un juego de roles de una persona que no puede poner en palabras la parte difícil de una frase. Por ejemplo, el que habla dice, "Cuando saliste la otra noche, yo…". (La parte o sentimiento difícil está bloqueado).

La persona que escucha deberá volver al principio de la frase y decir: "Cuando yo salí la otra noche, ¿tú…? ¿Qué viene después de "tu"? La persona que escucha no deberá completar la frase. Si la persona que habla dice: "No sé" o "No lo recuerdo", quien escucha puede preguntarte: ¿puedes intentar recordarlo?

Continúa repitiendo esto hasta que la persona pueda poner en palabras la parte difícil o que duele.

Procesa: ¿Cómo se sintió ser quien hablaba y quien escuchaba? ¿Cómo se sintió que tu pareja repitiera la primera parte de tu frase si eras tú quien no podía completar su pensamiento? ¿Sucede alguna vez esto en tu matrimonio? ¿Podrían utilizar este recurso para ayudarse mutuamente?

ACTIVIDAD 13: **OPINIONES NO SOLICITADAS**

Van a haber momentos en los que tu pareja realmente no querrá saber lo que tú piensas o sientes. En una relación basada en el respeto mutuo, la persona que ofrece consejo que no le fue solicitado, puede encontrar que es más productivo preguntar: "¿Quieres escuchar que pienso yo al respecto?". Si tu esposo o esposa dice "no", no digas cosas que él o ella no quieren escuchar. Aprecia la honestidad de tu pareja.

Haciendo turnos con tu pareja, toma unos minutos para practicar esta frase: "¿Quieres escuchar que pienso yo al respecto?". El otro miembro de la pareja practica diciendo "no".

Procesa: ¿Cómo se sintió decir "no"? ¿Fue fácil o difícil? ¿Cómo se sintió que te dijeran "no"? ¿Sueles dar consejos u opiniones a tu pareja cuando no te los pide? ¿Podrías utilizar esta actividad en tu matrimonio?

TIPS PARA LA COMUNICACIÓN EN LA PAREJA

ESTABLEZCAN UNA REUNIÓN SEMANAL DE PAREJA: Muchas parejas no se toman el tiempo que necesitan para hablar sobre los temas que los molestan. Creen que pueden robar algunos minutos cada día, pero habitualmente los temas no se resuelven. Entonces éstos crecen y se convierten en discusiones. En lugar de esto, acuerden una cita, una vez a la semana, para hablar entre ustedes sobre temas y sentimientos. Durante la semana, tomen nota acerca de los temas que quieren tratar - ésta será su agenda. Destinen un tiempo semanal y limiten este tiempo. Utilicen este tiempo para refunfuñar, hablar, planear, compartir, trabajar sobre los temas, y ofrecerse reconocimiento mutuo.

HAGAN UNA CITA PARA HABLAR: Algunos temas podrían no poder esperar a la cita semanal. Si tienes algo que deseas hablar, sé respetuoso de la habilidad de tu pareja para escuchar. Pregunta: "¿Cuál sería un buen momento para ti para que hablemos?". O, "¿Es este un buen momento para hablar?". Tu pareja podría tener otras cosas en su mente en ese momento, o podría tener algo qué hacer. Esto no significa que no te ama o que no quiere escucharte.

PELEEN EN UN ESPACIO PÚBLICO: Para algunas parejas, los sentimientos pueden alcanzar tanta intensidad durante una discusión, que uno o el otro podría decir o hacer algo irrespetuoso o algo que bloquee la comunicación. Discutir sobre un tema en un lugar público proporciona el incentivo necesario para permanecer en calma y respetuoso. Haz una cita con tu pareja para resolver un tema en un restaurant, en la biblioteca, en un museo, o en cualquier otro lugar en el que sería llamativo si alguno de ustedes actúa de forma irrespetuosa hacia el otro.

SUGERENCIAS PARA EL TRABAJO EN GRUPO

Discutan cualquiera de las actividades. Compartan sus experiencias, preguntas y sentimientos.

Notas: _____

_____

_____

_____

_____

_____

_____

_____

_____

_____

_____

_____

_____

_____

_____

_____

_____

_____

_____

_____

_____

_____

_____

_____

Capítulo V
CONFLICTO:
Diferencias y problemas

Probablemente existan tantas técnicas de resolución de conflicto como libros sobre dietas para perder peso. Sin embargo, si no cuentas con técnicas de resolución de conflicto basadas en el respeto mutuo, entonces no tienes una verdadera estrategia para la resolución de conflictos. Sabes que existe el respeto mutuo cuando cuentas con acuerdo para resolver el conflicto. El acuerdo se ve en acciones, no en palabras. Cualquiera puede decir: "Si, quiero resolver esto contigo", con palabras, pero son las acciones que realmente hablan. Esta es la razón por la que debes escuchar lo que una persona hace, no lo que ella o él dice. Si tu pareja dice, "quiero resolver esto contigo", pero discute, te menosprecia o contraataca cada vez que tú hablas acerca de cómo te sientes; o si tú dices que quieres resolverlo pero no estás dispuesto a escuchar su punto de vista, entonces en verdad no tienen un acuerdo para la resolución de conflictos. Tienen un acuerdo para mantener el conflicto vivo.

Cuando utilices las herramientas de resolución de conflicto que aprendas en este capítulo, verás que cuando discutes, te defiendes, atacas o hechas culpas, estás en verdad de acuerdo con tener un conflicto, no con resolver un conflicto. Si te encuentras en una de estas actividades de conflicto, necesitas decir exactamente lo que ves. Por ejemplo: "Estamos peleando", o "Te estás defendiendo" o "En este momento siento que quiero racionalizar todo". "Todo lo que deseo es echarte la culpa". Haz una observación acerca de lo que está sucediendo. Gestionen eso que está sucediendo, y vuelvan al camino de la resolución del conflicto. No tiene ningún sentido continuar utilizando una técnica a menos que realmente acuerden en la resolución del conflicto, no en su agravamiento.

Una de las formas de trabajar hacia el acuerdo es adoptar el concepto de "matrimonio sin culpas". En vez de enfocarse en quién tiene la culpa, enfóquense en el conflicto. Mejoren la situación. Asuman que ambos tienen razón en vez de buscar culpables.

Podrías haber experimentado heridas en algún momento de tu vida, que no has compartido con tu pareja, o quizás la compartiste pero aún sientes que estás aferrado a eso. Esto sólo puede dañar tu pareja y la intimidad que quieren conseguir. Quizás quieras preguntarte: "¿Este viejo y doloroso recuerdo está ayudándome hoy a construir una relación mejor?".

Probablemente sólo está haciendo que permanezcas enojado, herido y distante de tu pareja. Las habilidades que estás practicando aquí te ayudarán a ti y a tu pareja a encontrar caminos para hablar de conflictos que aún no se han resuelto. Nadie puede cambiar el pasado. Lo que puedes hacer con cosas dolorosas del pasado, es decisión tuya. Puedes, sin embargo, aprender formas constructivas de estar juntos hoy y en el futuro.

No es efectivo tratar de resolver conflictos ignorándolos, evitándolos, o fingiendo que las discusiones no son parte de un vínculo amoroso. Hay formas de pelear de forma justa y formas de pelear que son tramposas. El conflicto es una parte de la vida en común y resolver conflictos es una parte muy importante de la intimidad. No puedes tener intimidad si evitas gestionar los conflictos.

Algunas veces te darás cuenta de que has cometido un error. Cuando esto pase, pide disculpas. No es una señal de debilidad reconocer que eres humano.

ACTIVIDAD INTRODUCTORIA

RESOLUCIÓN DE UN CONFLICTO

Para comenzar a comprender la resolución de conflictos, veamos tus habilidades de conflicto. Con tu pareja, comiencen por intentar resolver un conflicto. Pero, en vez de preocuparse por utilizar los pasos correctos, cada uno de ustedes deberá actuar de la forma más defensiva, acusatoria y argumentativa que pueda. Registren sus sentimientos y miren los resultados.

Procesa: ¿Cómo son esos sentimientos? ¿Podrías registrarlos luego para ayudarte a recordar cómo se siente sostener la pelea, en vez de resolverla?

ACTIVIDADES DE APRENDIZAJE

ACTIVIDAD 1: **PALABRAS PARA LOS SENTIMIENTOS**

El primer paso para permitir que tu pareja sepa cómo te sientes es ser lo más claro posible acerca de tus propios sentimientos. La mejor forma para ser claro, es ser breve. Las siguiente frases pueden ayudarte a dar un marco a tus sentimientos. Estas son:

Me siento…

Me siento… porque…

Me siento… porque… y quisiera que…

Por ejemplo, supongamos que tú y tu esposo / esposa planean re diseñar su jardín. Se sientan juntos y comienzan a tomar nota de las ideas que se les ocurren para proponerle al jardinero, pero cada vez que tú propones algo, tu pareja cambia de tema. Te sientes realmente mal porque te sientes ignorado. Puedes compartir tu sentimiento con tu pareja diciendo: "Me siento ignorado". Podrías ser aún más claro expandiendo el concepto siendo más específico. Puedes decir: "Me siento ignorado porque cambiaste de tema cuando propuse plantar un árbol en medio de la terraza". Ahora tu pareja tiene una imagen más clara de lo que está sucediendo en ti. Puedes expandir diciendo: "Me siento ignorado porque cambiaste de tema cuando propuse plantar un árbol en medio de la terraza, y quisiera que prestaras atención a mis ideas también."

Inténtalo. Uno de ustedes será quien habla y el otro será quien escuche. Quien habla deberá completar estas frases. Si no puedes pensar en un sentimiento, utiliza el cuadro de los sentimientos al final de este libro.

1. Me siento…
2. Me siento… porque…
3. Me siento… porque… y quisiera que…

Ahora, el oyente necesita retroalimentar lo que dijo el hablante. Entonces, practica las siguientes oraciones con tu pareja, llenando los espacios en blanco con lo que dijo tu pareja:

1. Te sientes…
2. Te sientes … porque …
3. Te sientes … porque … y deseas …

Procesa: ¿Cuánto más clara fue esta forma respecto de tu estilo anterior? ¿Te sentiste escuchado / escuchada? ¿Comprendiste lo que dijo tu pareja?

ACTIVIDAD 2: **RECUERDOS TEMPRANOS**

Los primeros recuerdos que tienes, suelen ser de ayuda para aprender acerca de tus cuestiones personales. Podrías encontrarte recordando un evento de tu infancia, especialmente cuando te enojas. Las cuestiones que se encuentran en la base del enojo habitualmente tienen que ver con alguna de estas cosas:

Reconocimiento
Poder
Justicia
Habilidades
Igualdad
Responsabilidad
Autoestima

Aunque no logres ver la conexión inicialmente, los primeros recuerdos pueden ayudarte a tomar consciencia del "equipaje" que acarreas desde tu infancia.

Por ejemplo, acabas de salir a cenar con otra pareja, y la otra pareja pagó la cena. Te das cuenta de que te sientes enojado con tu esposa porque ella cedió con gusto cuando la otra pareja insistió en pagar la cuenta. Recuerdas que cuando eras un niño, saliste a cenar con tus padres y unos amigos. Tu padre insistió en pagar la cena de todos luego de un poco de discusión en tono de juego. Te acuerdas de cómo se rieron todos cuando tu padre finalmente sacó el dinero de su cartera y se lo dio a la mesera. Recuerdas tu sensación de seguridad y orgullo a propósito de la insistencia de tu padre.

Este recuerdo podría estar dándote información acerca de lo que creías acerca de ti mismo, los otros o el mundo. Estos primeros recuerdos podrían incluir la idea de que el hombre en tu familia paga y cuida de otros, o que los otros no pagan por tus comidas. Podría también decirnos que tú crees que debería darse una discusión amistosa en torno a quién paga las cuentas, o que le corresponde a los hombres insistir.

¿Qué te dicen tus primeros recuerdos acerca de algunas creencias que aún podrías estar cargando contigo? Piensa en un momento reciente en el que te hayas sentido enojado.

Ahora, cierra los ojos y evoca un recuerdo de tu infancia. Recuerda que podría no parecer conectado. Escribe este recuerdo. ¿Qué está tratando de decirte este recuerdo?

Procesa: Comparte el recuerdo con tu esposo / esposa. Piensa acerca de lo que creías acerca de ti mismo, los demás y el mundo, basándote en tu recuerdo. Pídele a tu pareja que te diga qué creería ella/él si ese fuera su recuerdo. Ahora, mira la lista de los temas que están en la base del enojo. ¿Cuál de ellos podría haberte enojado?

ACTIVIDAD 3: **AYUDÁNDOSE EL UNO AL OTRO**

Habrá veces en las que no comprenderás tu propio enojo. Tu esposo / esposa puede ser un recurso para ayudarte a clarificar tu pensamiento. En esta actividad piensa en una situación en la que te enojaste. Dile a tu esposo: "Estoy enojada y necesito tu ayuda porque mi enojo se está interponiendo en mi camino. No estoy segura de cuál es mi tema. ¿Podrías escucharme y ofrecerme retroalimentación sobre lo que escuchas? ¿Podrías darme tus ideas acerca de por qué piensas que estoy enojada?".

Habla sobre tu enojo mientras tu esposo escucha. Cuando termines, escucha sus ideas. Permite que tu pareja te ayude a ver qué más podría estar sucediéndote. El trabajo de tu pareja es el de clarificar, no el de discutir. Si quieres revertir el proceso, permite que pase un poco de tiempo, si no podría tener sabor a venganza.

Procesa: Comparte qué aprendiste acerca de ti mismo y acerca de tu pareja. ¿Cómo se sintió ser el que escucha? ¿Cómo se sintió recibir retroalimentación acerca de tu enojo?

ACTIVIDAD 4: **TEMAS DE DINERO**

El dinero es un área en la que las parejas tendrán problemas en algún momento. Toma nota en una tarjeta en blanco de algún tema que tengas en relación al dinero. (Por ejemplo: ella se olvida de pagar las cuentas o él tiene un sueldo superior al mío).

Si estás en casa, finge que este tema en realidad es de tu vecino, no de tu pareja. Plantea preguntas sobre tu supuesto vecino acerca de por qué él / ella piensa y siente eso.

Recuerda que si comienzan a pelear, ¡ya no están fingiendo!

Si estás en un grupo, junta las tarjetas de los temas de todos los participantes y pónlas en una pila. Cada miembro sacará una tarjeta, asegurándose que no sea la propia. Tomen turnos leyendo los temas y dialoguen en grupo acerca de lo que hayan aprendido acerca de cómo lidiar con ellos.

ACTIVIDAD 5: **PASOS PARA RESOLVER CONFLICTOS**

Hablar sobre temas conflictivos con tu pareja no es siempre fácil. Quizás te des cuenta de que estás más interesado en decir lo que piensas o crees, que en escuchar a tu esposo / esposa. Un esquema simple para estructurar sus conversaciones podría servir.

1. Haz una observación, como por ejemplo: "Me di cuenta de que te quedas dormido en la casa de mis padres. Me pregunto si podemos encontrar una forma de lidiar con esto".

2. Pide a tu esposo / esposa su punto de vista. Di: "Tú qué piensas?", o "¿Cómo te sientes al respecto?".

3. Dale a tu pareja retroalimentación sobre lo que dijo: "Te sientes aburrido yendo allí cada sábado por la noche".

4. Plantea tus sentimientos y tu punto de vista sobre el problema. Por ejemplo: "Me siento culpable si no los visito porque soy su única hija, y me preocupan porque viven solos".

5. Pide sugerencias. Di: "¿Se te ocurre algo que podamos hacer, de tal forma que ambos nos sintamos bien?". Hagan una

lluvia de ideas.

6. Escojan una solución con la que ambos puedan vivir por un corto período de tiempo —un día, una semana. Por ejemplo: "Voy a visitarlos por la tarde, y por la noche podemos salir a cenar tú y yo solos".

7. Acuerden un día para evaluar si funcionó. Di: "Gracias".

8. Piensa en un tema que querrías resolver con tu pareja. Sigan los pasos que enunciamos más arriba.

Procesa: Comparte con tu pareja o en el grupo qué aprendiste acerca de este proceso.

¿Cómo fue esto distinto de su habitual modo de resolver conflictos?

CONSEJOS SOBRE QUÉ DECIR DURANTE UNA NEGOCIACIÓN DESGLOSE

1. Habrá momentos en los que querrás compartir tus sentimientos, pero no querrás ayuda para resolver el problema. Muchos de nosotros creemos que es nuestro trabajo arreglar los sentimientos de las otras personas. A veces ayuda decir: "Estoy enojado, y quisiera contarte para que sepas, pero no para que trates de arreglarlo".

2. En vez de adivinar lo que tu esposo piensa y siente, intenta preguntando: "¿Cuál es tu idea acerca de…". Hazte responsable de hacerle saber a tu pareja cómo te sientes y qué piensas, preguntando: "¿Quieres escuchar mi idea acerca de…?".

3. Recuerda que en un "matrimonio sin culpas", si existe un conflicto, ambos tienen razón. Puedes decir: "Tenemos un conflicto. Tratemos de resolverlo, así logramos algo con lo que ambos podamos vivir".

4. Si te ves a ti mismo continuar peleando en lugar de resolviendo el conflicto, detente. Hazle saber a tu pareja cómo te sientes. Podrías decir: "No estamos llegando a ningún lado y me siento triste. Quiero acercarme a ti y este conflicto se interpone entre nosotros". Otra forma de frenar la pelea es decir: "Sólo quieres pelear, ¿cómo podría eso ayudarnos?".

5. Rendirte no es respetuoso hacia ti mismo, hacia tu esposo o

esposa, ni hacia la relación. Si ves que alguno de ustedes se rinde sólo para frenar la pelea, puedes decir: "No está bien para ninguno de los dos que nos rindamos. Ambos tenemos que sentirnos bien".

6. Si un conflicto se repite, quizás necesiten ayuda externa. En ese caso puedes decir: "Peleamos sobre esto todo el tiempo. Necesitamos ayuda para resolverlo".

7. Dos personas no tienen que estar de acuerdo. Como pareja, sí tienen que encontrar la manera de respetar el punto de vista del otro. Puede que haya momentos en los que necesites decir: "Tengo derecho a mis sentimientos y tú también. No tenemos que estar de acuerdo. ¿Cómo podemos seguir a partir de aquí?".

SUGERENCIAS PARA EL TRABAJO EN GRUPO

Dialoguen sobre cualquiera de las actividades. Compartan experiencias, preguntas y sentimientos.

Notas: _____

_____

_____

_____

_____

_____

_____

_____

_____

_____

_____

_____

_____

_____

_____

Capítulo VI
TIEMPO JUNTOS:
Desde pasarla bien juntos a rapiditos
ser una pareja ante todo

Si viajas en el tiempo hacia el pasado, hasta el momento en el que se conocieron y cortejaron, lo primero que muchos de ustedes recordarán es cuánto tiempo pasaban juntos. Antes de que sus vidas se complicaran, ustedes encontraban tiempo para compartir juntos. De hecho, probablemente pensaban que no podían vivir separados ni cinco minutos. Se llamaban por teléfono. Dejaban de salir con otros amigos para estar juntos. No deseaban estar con nadie más, sólo el uno con el otro.

Cuando estaban juntos, hacían cosas románticas. Caminaban por la playa, o hacían largos paseos por el campo, se tomaban de la mano y compraban pequeños regalos para el otro. Luego, se casaron. Sus vidas se volvieron muy ocupadas y tuvieron hijos. Se ocuparon aún más. Comenzaron a tener peleas. Y más tarde o más temprano, comenzaron a dar su relación por sentado.

Dar una relación por sentado, es el primer paso hacia su fin. Una relación necesita ser alimentada y cuidada. Tus hijos, tus plantas, tu perro, tu pescadito, todo lo que está vivo —incluídas las relaciones- necesitan cuidado y atención.

Hasta aquí en este libro, has aprendido acerca de quién eres tú y quién es tu pareja. Pero, ¿y la relación? Para que ésta sobreviva, necesitan pasar tiempo juntos. Hay muchas formas distintas de pasar tiempo juntos. Veamos algunas.

ACTIVIDAD INTRODUCTORIA

ALGO QUE ME GUSTA HACER

La cantidad de tiempo que compartes con tu pareja no es tan importante como la calidad de ese tiempo. Muchas parejas pasan mucho tiempo peleando o estando solos en la misma casa. Pueden estar juntos y hacer sus propias cosas de una forma unida.

Para ayudarte a enfocarte en lo que realmente te gusta hacer, puedes hacer una lista de cinco cosas para cada una de las siguientes categorías:

Cosas que me gusta hacer solo:

Cosas que me gusta hacer con amigos. Cosas que me gusta hacer en pareja.

Una vez que hayas completado tu lista, ponle código. Cuándo fue la última vez que hiciste eso: Dentro de las últimas 24 hs (D), dentro de la última semana (S), mes (M), 6 meses (6M), o 1 año (A).

Elige un área que quieras mejorar. Prueba hacer una lluvia de ideas con tu pareja. Hagan un plan bien específico -con fecha y hora- para hacer una de las cosas de tu lista.

Procesa: ¿Qué aprendiste sobre ti? ¿Y sobre tu pareja?

ACTIVIDADES DE APRENDIZAJE

ACTIVIDAD 1: **UN TÍPICO DÍA**

Toma nota de lo que haces un día típico. Dibuja una estrella al lado de esas cosas que haces con tu pareja, y otra estrella al lado de esas cosas que desearías hacer con tu pareja.

ACTIVIDAD 2: **LO QUE PODEMOS HACER**

Muchas parejas dicen que no pueden salir por el costo que implica. Se olvidan que salir juntos puede costar mucho o puede no costar nada. Con tu pareja, hagan una lluvia de ideas para armar una lista de cosas que pueden hacer juntos en las siguientes categorías:

Gratis

Por debajo de 5 usd

Por debajo de 10 usd

Por debajo de 20 usd

Por debajo de 50 usd

Por debajo de 500 usd

(¡Qué más da, gastemos la herencia de nuestros hijos!).

Procesa: Fijen una cita en pareja para hacer una de las cosas de la lista.

ACTIVIDAD 3: **LAS FORMAS EN LAS QUE PASAMOS TIEMPO JUNTOS**

Toma unos minutos para hacer una lista de las formas en las que compartes tiempo con tu pareja. Al lado de cada ítem, escribe las cosas que hacen que dejes de querer compartir el tiempo con él / ella. Ahora, si estás en un grupo, hagan el ejercicio de hacer un role playing de las siguientes situaciones. Si estás en casa, habla con tu pareja acerca de lo que sentirías en estas situaciones.

1. Una bienvenida a casa desalentadora.

2. Juego / Trabajo paralelo, que tiene cantidad pero no calidad. (Los dos juntos en casa pero sin ninguna conexión emocional).

3. Los niños interfiriendo en la vida de pareja.

4. Utilizar el tiempo juntos para darse sermones o castigar al otro.

Procesa: Comparte tu lista con tu pareja.

ACTIVIDAD 4: **JUEGOS SEXUALES, DIVERTIDOS Y NO DIVERTIDOS**

Si somos verdaderamente honestos con nosotros mismos, debemos admitir que a veces decimos o hacemos cosas que no promueven la cercanía de la pareja en la cama. El propósito de esta actividad es aumentar la conciencia acerca de los patrones de conducta que invitan a la distancia en vez de a la intimidad. Mientras miras la siguiente lista, fíjate si algo de esto sucedió alguna vez en tu matrimonio. Si sucedió, piensa en momentos específicos y conversa con tu pareja acerca de eso.

MIEMBRO DE LA PAREJA A	MIEMBRO DE LA PAREJA B
1. Besa, hace cosquillas, abraza, masajea la espalda de B.	Asume que este es el primer paso hacia tener sexo, quiera o no quiera A.
Resultado: B evita el contacto con A; A se siente rechazado y lastimado.	
2. Hace siempre los mismos movimientos, terminando en sus orgasmos, sin ninguna consideración de las necesidades de su pareja y sin ninguna capacidad de innovar.	Se queda recostado, enojado de forma pasiva, deseando que todo fuera diferente, pero cediendo al mismo plan cada vez.
Resultado: Se va acumulando la hostilidad, el martirio y el enojo sin resolución en B.	
3. Dice: "Hagamos el amor".	Dice: "No estoy de humor, porque tuvimos una pelea" o "Los niños podrían oírnos" o "Estoy ocupado ahora" o "etc", "etc", "etc".
Resultado: Nada de sexo hasta ese día al año en el que todo está perfecto para B, lo necesite A o no.	
4. Trae a casa un bote o tarro de crema batida.	Dice: "¿Otra vez estuviste mirando esas revistas asquerosas? ¡No me gusta ese tipo de cosa!".
Resultado: La crema batida se corta, y se corta también el matrimonio.	

Procesa: ¿Pudiste verte en alguna de estas escenas? ¿Puedes agregar algún otro ejemplo a esta lista? Comparte tus respuestas con tu pareja y/o con el grupo.

Si deseas cambiar alguno de estos patrones, ve a la siguiente actividad.

ACTIVIDAD 5: **OTRA FORMA DE VER LAS COSAS**

La mayoría de nosotros, en algún momento pensó: "Si sólo mi pareja hiciera x, entonces todo sería mejor y estaríamos más cerca". Otra forma de ver la cercanía es observar tus propios sentimientos, lo que hacemos, cómo pensamos, y qué pasa como resultado. Un cambio en la cercanía habitualmente sucede como consecuencia de un cambio en nuestra actitud o conducta, no como consecuencia de cambios en la otra persona.

Es difícil cambiar un sentimiento. Pero si puedes cambiar una conducta o un pensamiento, entonces es probable que a eso le siga un cambio en el sentimiento.

Por ejemplo, Sofía había estado trabajando intensamente todo el día, en la oficina. Cuando volvió a casa, todo lo que quería hacer después de cenar era relajarse y leer. Su marido estaba muy interesado en estar cerca. De hecho él había estado pensando en irse a la cama temprano esa noche. Cuando se acercó a Sofía, ella se sintió irritada, y le dijo: "Déjame sola. Estoy cansada". Abrupta y tensa, se comportó de tal forma de distanciarse de su esposo.

Los pensamientos de Sofía probablemente sonaban así: "Si digo ¨no¨ seré una mala esposa por no querer satisfacerlo. Él quiere sexo, pero yo quiero estar sola. Si sólo me comprendiera". El resultado de estos pensamientos y su conducta, hicieron que se distanciara de su esposo, en vez de acercarla.

Cambiar la actitud y la conducta de Sofía no quiere decir que ella TENGA QUE ESTAR DE ACUERDO con tener sexo cuando en realidad no lo desea. Pero ella podría cambiar su actitud y conducta respecto de ser abordada para tener sexo cuando en realidad quiere estar sola y leer. Su actitud y conducta podrían invitar a la cercanía sin sexo. Sofía podría decirse a sí misma: "No soy una mala compañera por no querer sexo o por necesitar un poco de tiempo a solas". Ella podría darle a su esposo un abrazo o un beso, y sentarse con él unos minutos y acariciarse, y contarle acerca de las razones por las que no quiere tener sexo y sí quiere leer. Entonces estaría satisfaciendo la necesidad de la situación con su esposo y su propia necesidad.

Para ayudarte a pensar en formas en las que puedes cambiar tu actitud y tu comportamiento, piensa en un momento reciente en el que no quisiste tener cercanía con tu pareja. Toma nota de lo que estás sintiendo, pensando y haciendo.

¿Qué actitud o creencia podría haber cambiado?

¿Qué podrías haber hecho o dicho para dejarle a saber a tu pareja lo que estabas pensando de una forma más amorosa?

¿Qué podrías haber hecho para satisfacer tu propia necesidad?

Procesa: Comparte tus respuestas con tu pareja.

ACTIVIDAD 6: **HABLANDO SOBRE SEXO**

Muchas parejas no tiene ningún problema para hablar sobre tareas de la casa, o qué comer en la cena, o qué hacer el fin de semana. Pero en lo que se refiere a hablar de sexo, muchas parejas se privan de hablar sobre sus deseos y sus gustos porque tienen miedo de lastimar los sentimientos o el ego de su pareja. Ciertamente, hablar sobre sexo PUEDE ser mucho más amenazante que hablar sobre qué va a comer uno para la cena. Pero, privarse de hablar de estos sentimientos y gustos, FRENA el crecimiento de la cercanía y la intimidad de la pareja.

A continuación están listados algunas áreas o tópicos que podrían ayudarte a aprender más sobre tí y sobre tu pareja. Están listados de menos amenazantes a más amenazantes.

Decidan una sobre la que les resulte cómodo a ambos dialogar. Determinen un momento en el que podrán hablar sin ser interrumpidos. Es más sabio hablar sobre sexo fuera de la habitación -y lejos de la cama.

MENOS AMENAZANTE

Hablen sobre los mensajes que recibieron sobre sexo cuando eran niños.

Hablen sobre cosas que les genera curiosidad o que les generaban curiosidad de niños.

Hablen sobre las creencias, sentimientos o experiencias sexuales que tuvieron de niños.

Hablen sobre qué les gusta y qué no les gusta sexualmente hoy.

MÁS AMENAZANTE

Procesa: Dense uno al otro 10 minutos de tiempo sin interrupciones para compartir sus respuestas. También compartan sus sentimientos acerca de hablar sobre estas áreas.

SUGERENCIAS Y ACTIVIDADES PARA MEJORAR EL TIEMPO JUNTOS

1. **CONVERSACIONES EN LA CAMA:** Utilicen el tiempo justo antes de irse a dormir, para hablar sobre su día o para compartir sentimientos.

2. **CITAS DE JUEGO:** hagan una cita para jugar al tenis juntos, ir al cine, almorzar o cenar.

3. **DÍAS ESPECIALES, FINES DE SEMANA O SEMANAS:** Las parejas necesitan salir sin niños. Reserven una noche especial o, si es posible, un fin de semana o un viaje de una semana, sólo para ustedes. Si necesitan, intercambien el cuidado de niños con otra pareja.

4. Si piensan que no quieren estar solos, háganlo de todo modos. Pero tengan cuidado. Las parejas que no están acostumbradas a estar a solas, podrían generar una pelea cuando por fin deciden salir, como forma de evitar la situación. Una vez que estén ahí, y fuera del patrón de no tomarse tiempo a solas, probablemente puedan disfrutar mucho.

5. **TIEMPO DE CARICIAS:** Miren televisión, escuchen música o siéntense en el sillón, tocándose el uno al otro sin ninguna insinuación de que ese es el primer paso hacia tener sexo.

6. **HORA DE IRSE A LA CAMA:** Encuentren la forma para irse a la cama a la misma vez. Esto no tiene que ser necesariamente por la noche, puede ser durante el día también.

7. **JUEGO PARALELO:** Planeen hacer distintas actividades en casa, a la misma vez. No tienen que estar haciendo lo mismo para sentirse conectados. Registren la diferencia cuando están haciendo actividades separados y se sienten conectados, versus cuando hacen una actividad y se sienten solos.

8. **AYÚDENSE MUTUAMENTE:** Encuentren formas de ayudarse mutuamente. Esto no significa solamente hacer algo, sino preguntar: "¿Querés que te ayude" o "Voy al mercado, ¿hay algo que quisieras que compre?".

SUGERENCIAS PARA EL TRABAJO EN GRUPO

Dialoguen sobre cualquier de las actividades. Compartan sus experiencias, preguntas o sentimientos.

Notas: _____

_____

_____

_____

_____

_____

_____

_____

_____

Capítulo VII
LIDERANDO UN GRUPO

Utilizar este libro con un grupo es una oportunidad espectacular. No es necesario que seas un líder profesional. Si consigues reunir a un grupo de parejas que deseen seguir las actividades juntos, tendrás la oportunidad de observar cómo se comportan unos con otros, verás que los temas de las otras parejas son similares a los de las demás, y recibirás retroalimentación.

Recomendamos que leas el libro, capítulo por capítulo, realizando las actividades con el grupo. Es mejor reunirse una vez a la semana durante seis semanas, que durante un único fin de semana. Esto es porque las actividades mueven muchos pensamientos y sentimientos. Es mejor que las personas obtengan información acerca de si mismas y de sus parejas teniendo por delante una semana completa para pensar y gestionar los sentimientos que pueden aparecer, y que puedan probar cosas nuevas sin sentirse sobrecargados.

Recomendamos las siguientes reglas de encuadre:

1. Sé honesto.
2. Si alguien hace algo que te disgusta, dilo.
3. Deja que tu pareja se ocupe de sí mismo / sí misma.

4. Está bien decir "paso " o "para".

5. Compartan el tiempo.

Querrás seguir el formato que sugerimos a continuación porque los mejores grupos son aquellos que tienen estructura. Los que no se convierten en una "piedra libre". Si luego de realizar las actividades, quieren reunirse informalmente, entonces tendrán algunas actividades para ayudarse entre ustedes.

Este es el formato que sugerimos con el tiempo para cada actividad. Recomendamos que tengan a alguien que funcione como guardián del tiempo y que sigan el cronograma.

Resulta útil exponer el cronograma en algún lugar en el que todos puedan verlo. Por ejemplo 7 a 7.10 Actividad introductoria, etc. Tiempo para refrigerios, fumar o recreos deben ser agregados si así lo desean. Este grupo tomará completas las dos horas planeadas.

FORMATO (PARA GRUPO DE 2 HORAS)
I. 10 minutos—ACTIVIDAD DE ENTRADA EN CALOR
Sugerimos una breve actividad para dar comienzo al grupo, como por ejemplo hacer que cada uno complete uno de los siguientes:

A. La introducción a este capítulo me hizo pensar acerca de .

O

B. Desde la última reunión, aprendí que .

II. 20 minutos—ACTIVIDAD INTRODUCTORIA
Del capítulo o pueden inventar una propia.

III. 30 minutos—ACTIVIDADES DE APRENDIZAJE
Dependiendo en la cantidad de tiempo disponible, elijan una o más actividades del capítulo correspondiente.

IV. 20 minutos—DISCUSIÓN / COMPARTIDA EN GRUPO
Dialoguen sobre las actividades que realizaron durante la reunión.

V. 30 minutos—SOLUCIÓN DE PROBLEMAS
(Guiado por el líder del grupo)

(Ver pasos a continuación).

VI. 10 minutos—CIERRE
Pídele a los miembros del grupo que compartan una de las siguientes frases:

A. Hoy me llevo .

B. Lo que más me llamó la atención fue .

C. Aprecio .

PASOS PARA RESOLVER PROBLEMAS

Los pasos para resolver problemas abren la posibilidad para que un miembro del grupo obtenga ayuda del resto del grupo. El problema no tiene que ser de la pareja. Pero si es de la pareja, entonces es tarea del otro miembro de la pareja ser quien escucha y aprende sobre el punto de vista de su pareja y dejar que sea él o ella quien hable.

Antes de empezar, solicita un voluntario que tome nota del problema y de las sugerencias que surjan para resolverlo.

Es importante que el líder estructure esta actividad respetando el siguiente formato:

1. Una persona comparte un problema que ella o él está teniendo. Si es un problema de pareja, entonces el otro miembro de esa pareja escucha y aprende.

2. La persona piensa un ejemplo reciente de una vez cuando este problema ocurrió y lo describe específicamente de tal manera que todo todos en el grupo puedan darse una idea acerca de quiénes estaban involucrados, qué pasó y la secuencia de acciones que se sucedieron.

3. El problema es actuado en un role-play por parte de miembros del grupo. La persona que presentó el problema podría querer interpretar el papel de otro personaje del problema. Luego del role play, se le preguntará a cada uno de los actores cómo se estaba sintiendo y qué estaba pensando cuando representaba ese papel. Esto ayuda a observar el problema desde todos los puntos de vista.

4. El grupo hace una lluvia de ideas acerca de ideas que podrían ayudar a gestionar el problema. La persona con el problema escucha. Las sugerencias se anotan en un lugar visible en forma de lista.

5. La lista de soluciones alternativas es leída en voz alta, y la persona con el problema elige una de las sugerencias para probar durante la siguiente semana. La solución elegida es actuada en otro role play para ver si es efectiva. Los actores una vez más ofrecen retroalimentación acerca de sus

pensamientos y sentimientos. ¿Funcionó?

6. Los miembros del grupo ofrecen retroalimentación positiva específica a la persona que compartió el problema. Estos son los reconocimientos.

Notas: _____

_____

_____

_____

_____

_____

_____

_____

_____

_____

_____

_____

_____

_____

_____

_____

_____

_____

_____

_____

_____

_____

_____

_____

Lista de sentimientos por Willhite & Asociados

Agresivo	Agonizante	Ansioso	Arrepentido	Arrogante	Avergonzado	Alegre
Aburrido	Precavido	Frío	Concentrado	Confiado	Curioso	Recatado
Determinado	Desilusionado	Desaprobador	Incrédulo	Asqueado	Repugnado	Fisgón
Extasiado	Furioso	Envidioso	Exasperado	Exhausto	Asustado	Frustrado
Dolido	Culpable	Feliz	Horrorizado	Caliente	Con resaca	Lastimado
Histérico	Indiferente	Idiotizado	Inocente	Interesado	Celoso	Alegre
Cargado	Solo	Enamorado	Meditabundo	Malicioso	Abatido	Negativo
Obstinado	Optimista	Acongojado	Paranoico	Perplejo	Pacato	Confundido
Arrepentido	Aliviado	Triste	Satisfecho	Estupefacto	Avergonzado	Engreído
Arisco	Sorprendido	Desconfiado	Compasivo	Reflexivo	Indeciso	Retraído

Acerca de los autores

Lynn Lott es una oradora de fama internacional, autora, consultora motivacional y especialista en Disciplina Positiva que tiene un Máster en Consejería de familia y pareja de la Universidad de San Francisco, y un Máster en Psicología de la Universidad de Sonoma.

Lynn ha trabajado en la práctica privada desde 1978 ayudando a padres, parejas, e individuos con una gama variada de conflictos personales y vinculares. Su reputación es la de una persona que capta el corazón de un problema y luego ayuda a los consultantes a aprender sobre sí mismos, a descubrir cómo resolver problemas, y a mejorar momentos difíciles.

Es autora de 20 libros, incluídos varios *best-sellers* de Disciplina Positiva. Ha sido consultora en Disciplina Positiva a lo largo y a lo ancho de Estados Unidos y Canadá. También fundó y dirigió el Centro de Educación Familiar, el Servicio de Educación y Consejería de Summerfield; fue miembro de la Junta Asesora para los Programas de prevención de uso de drogas en el estado de California, y trabajó como docente adjunta en la Universidad del estado de Sonoma donde dictó clases en las escuelas de Enfermería, Psicología, Consejería y Educación. Algunas de las organizaciones en las que Lynn ofreció sus servicios de consultoría son Kaiser Permanente, la Asociación Norteamericana de Psicología Adleriana, la Fundación del Condado de Sonoma, el Bureau de Asuntos Indios, y la Oficina de Justicia criminal.

En 2014 Lynn estuvo tres semanas ofreciendo cursos en China y actualmente trabaja con numerosos clientes de Europa y Asia. Divide su tiempo entre California y Florida.

Dru West es educadora de padres y consejera en los Centros de Educación familiar en Petaluma, California. Es consejera matrimonial, de familia y niñez, y trabaja con individuos, parejas y familias.

Dru también está casada y disfrutándolo. Otros libros de los que Dru es co-autora son *Changing Your Relationship With Your Teen* y *To Know Me is To Love Me*.